MIXTE
Papier issu de sources responsables
FSC® C112556

editionsmilan.com

1, rond-point du Général-Eisenhower, 31101 Toulouse Cedex 9, France

Loi 49.956 du 16 juillet 1949 sur les publications destinées à la jeunesse
ISBN : 978-2-7459-9619-0
Dépôt légal : octobre 2018
Achevé d'imprimer au 2e trimestre 2020 en Slovénie par DZS

AVIONS

ILLUSTRATIONS DE PAUL CRAFT
TEXTES D'AYMERIC JEANSON

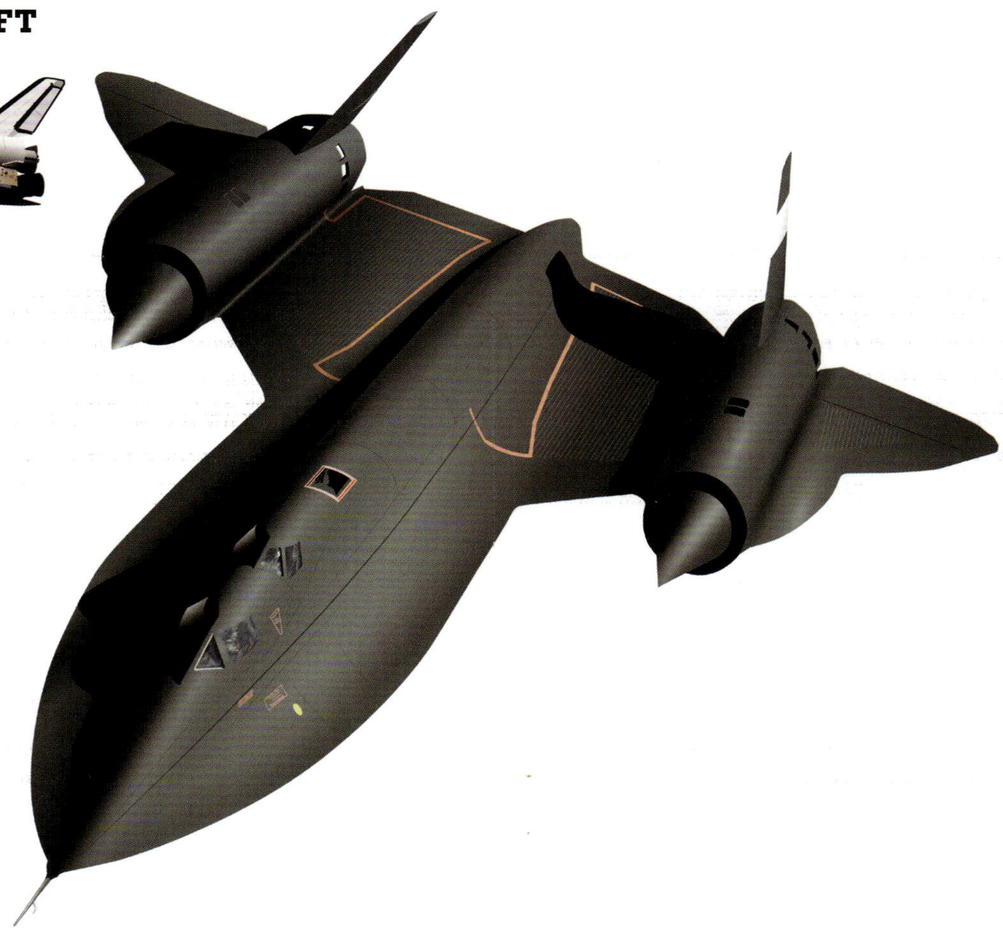

MILAN

SOMMAIRE

LES DÉBUTS DE L'AVIATION

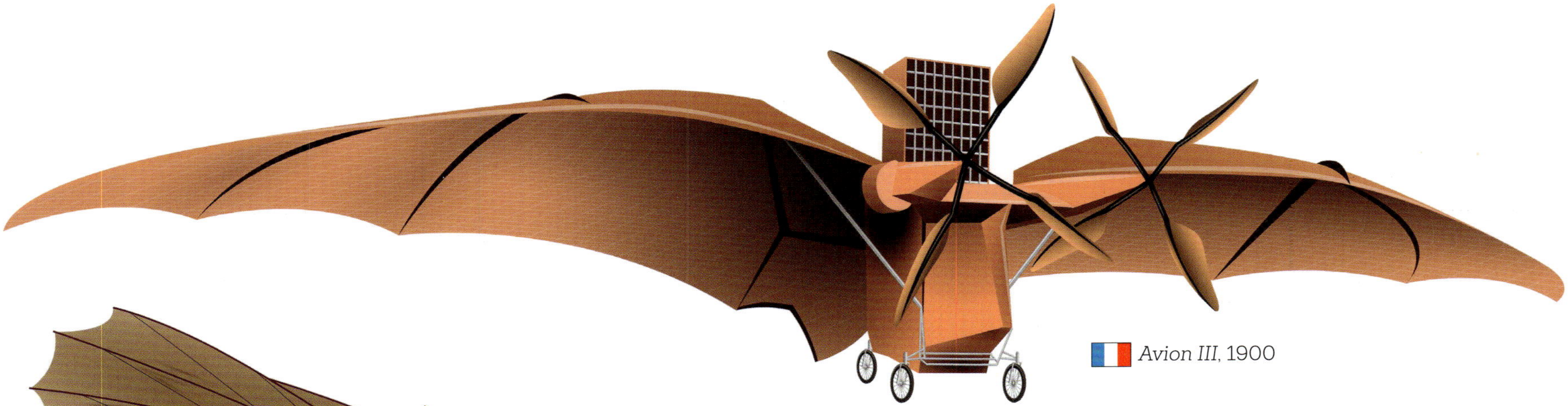

Avion III, 1900

Planeur d'Otto Lilienthal, 1891

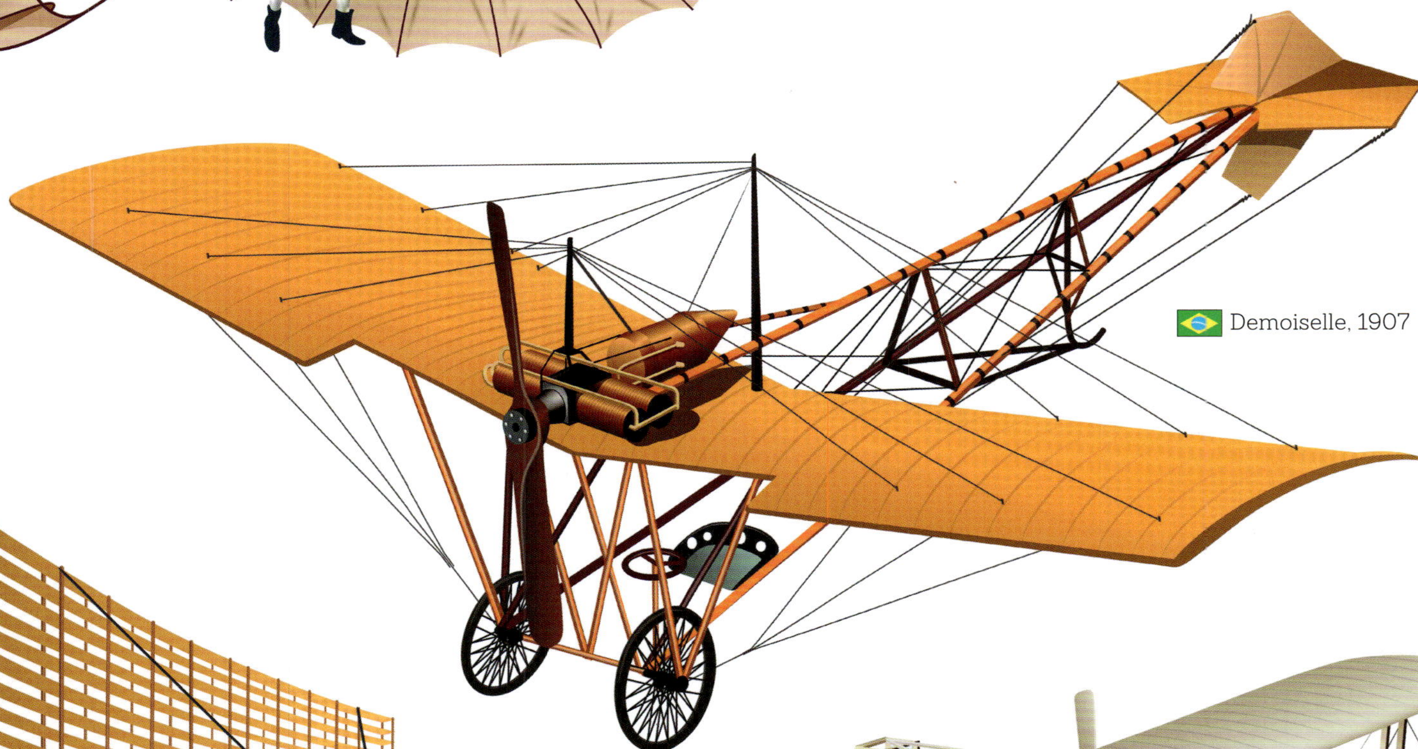

Demoiselle, 1907

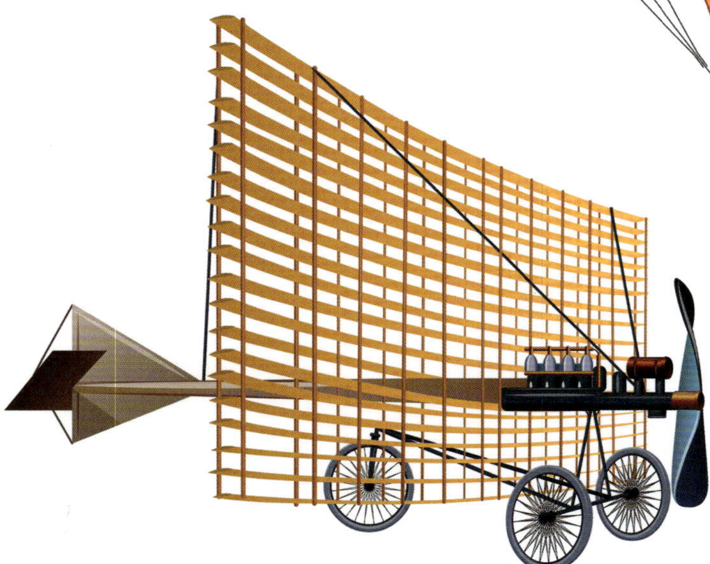

Multiplan, 1904

Wright Flyer, 1903

Blériot XI, 1909

Zeppelin LZ 112 L 70, 1918

Spirit of St. Louis, 1927

BREGUET XIV

Breguet XIV, 1917

Avion militaire ou civil ? Avion de reconnaissance ou bombardier ? Transport de passagers (quatre au mieux) ou de courrier ? Ce biplan robuste a été l'avion à tout faire entre la fin de la Première Guerre mondiale et 1928.

LES AVIONS DE LA PREMIÈRE GUERRE MONDIALE

Fokker D. VII, 1918

Airco DH-2, 1915

Farman MF-11, 1914

Fokker Dr. I, 1917

Aviatik B. I, 1914

Nieuport 17, 1917

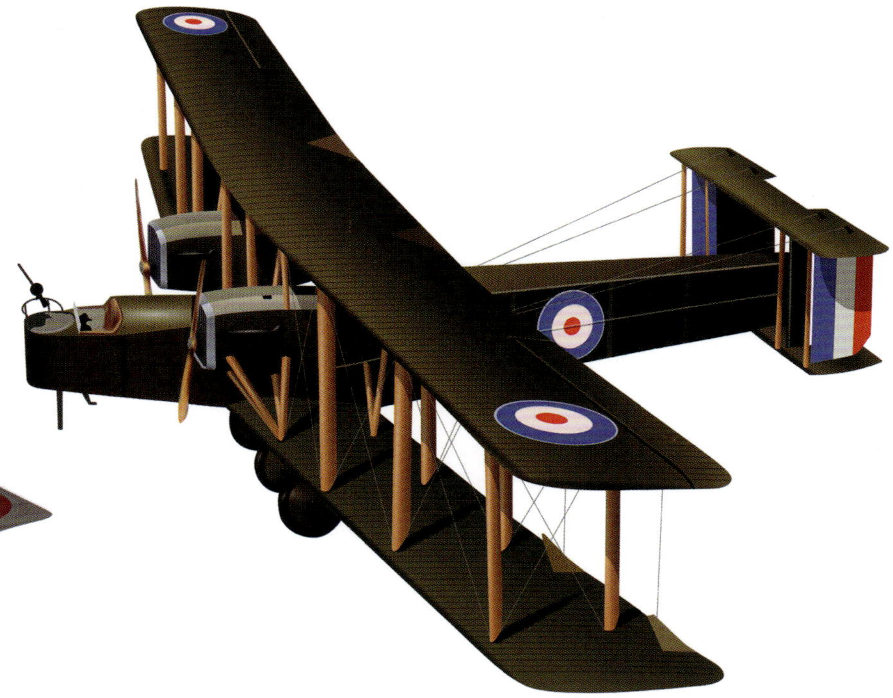

Handley Page V/1500, 1918

Albatros D. V, 1917

Royal Aircraft Factory SE5, 1917

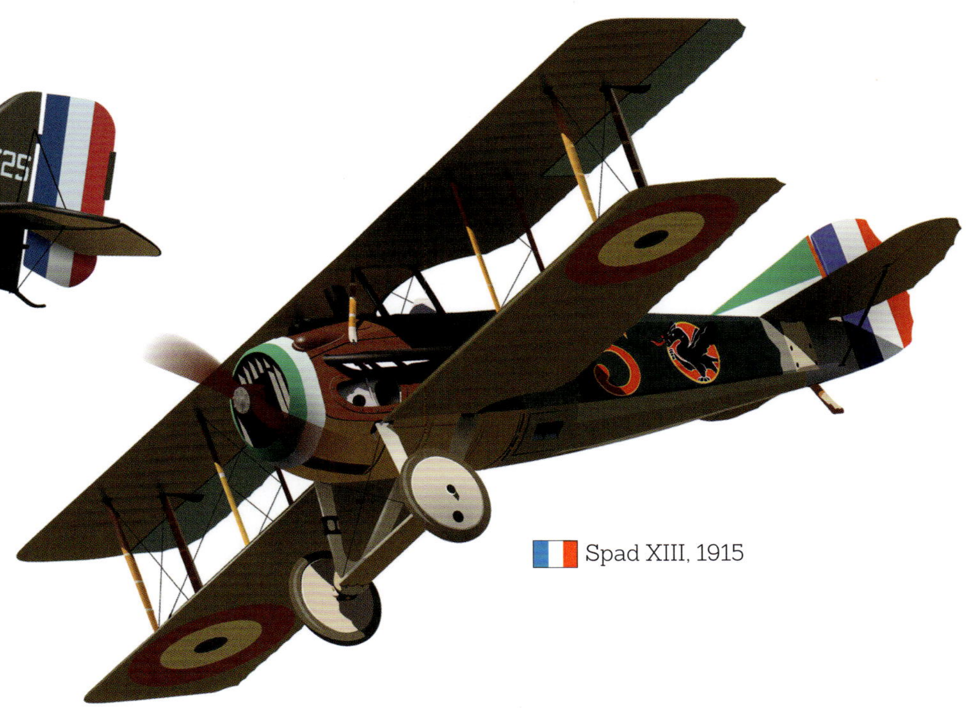

Spad XIII, 1915

LES AVIONS DE LA SECONDE GUERRE MONDIALE

Ilicuchine Il-2 Sturmovik, 1941

Junkers Ju 87 Stuka, 1935

Messerschmitt Bf 109, 1937

Messerschmitt Me 262, 1944

Supermarine Spitfire Mk VIII, 1938

Vought F4U Corsair, 1942

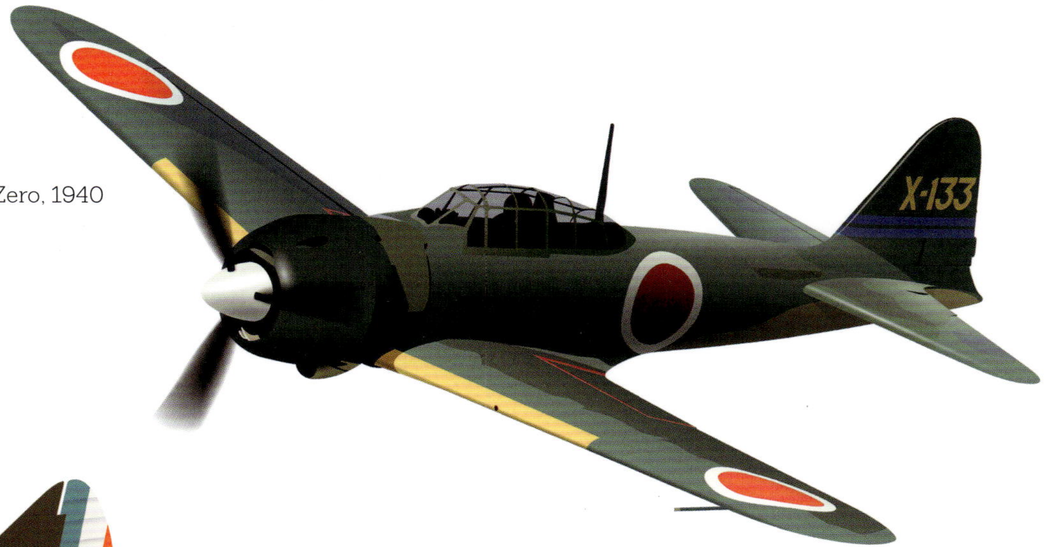

Mitsubishi A6M Zero, 1940

Dewoitine D.520, 1939

North American P-51 Mustang, 1942

Boeing B-17 Flying Fortress, 1938

Heinkel He 219, 1943

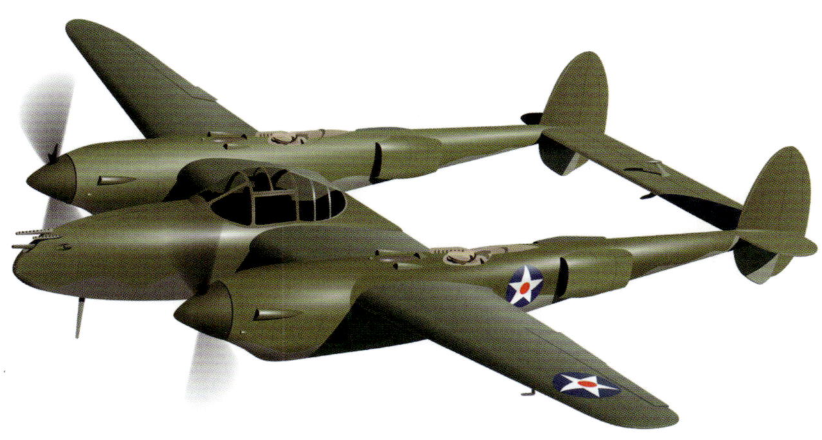

Lockheed P-38 Lightning, 1941

FOCKE-WULF 190 D9 DORA

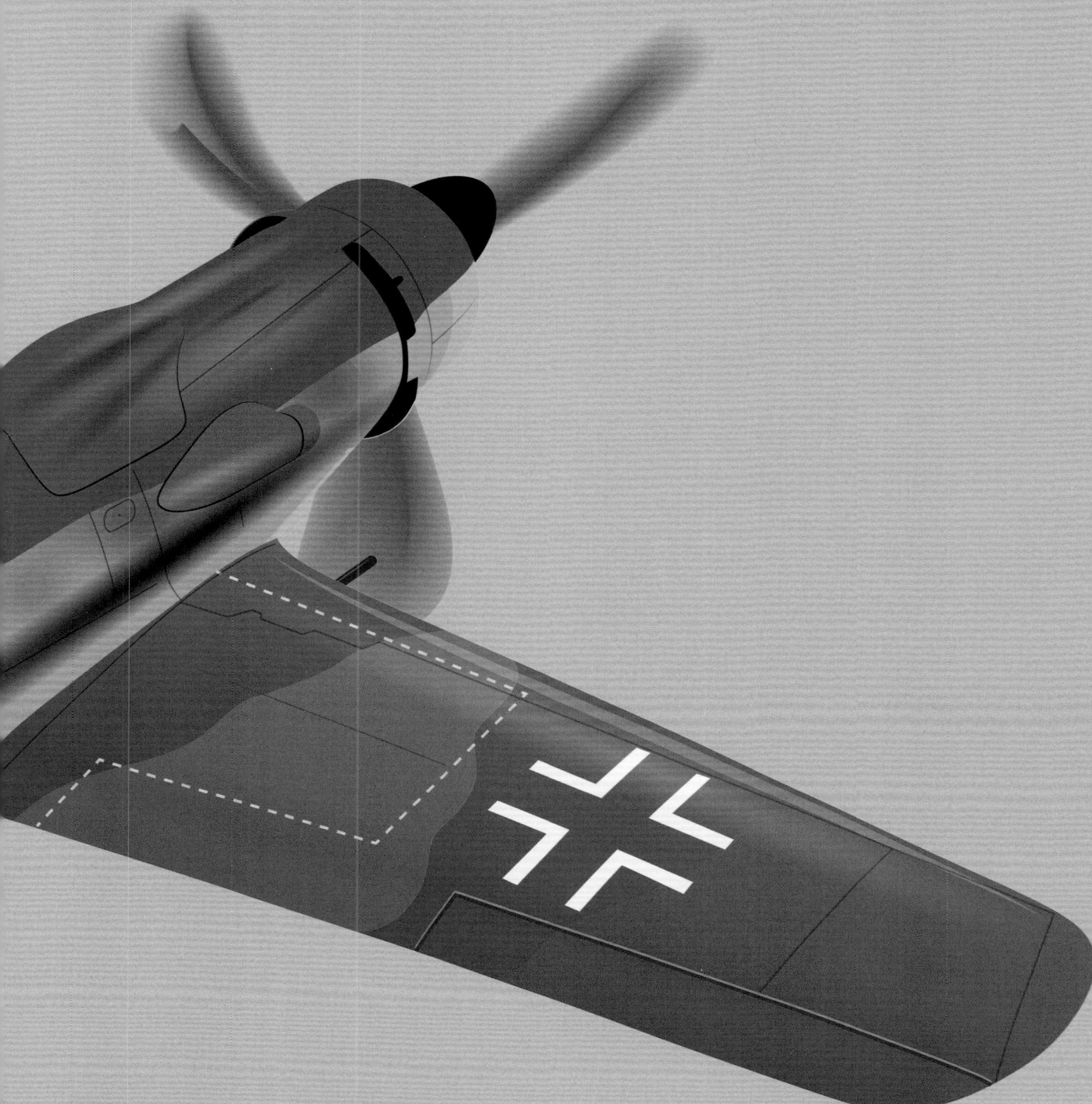

Focke-Wulf 190 D9 Dora, 1943

Connais-tu le « Long-Nez » ? Conçu pour voler à haute altitude (12 000 mètres), ce redoutable chasseur allemand doit son nez allongé à son moteur en ligne. Sa mise en service, à l'été 1944, fut heureusement trop tardive pour changer le cours de la guerre.

LES AVIONS MILITAIRES

Douglas C-47 Dakota, 1936

Nord 2501 Noratlas, 1953

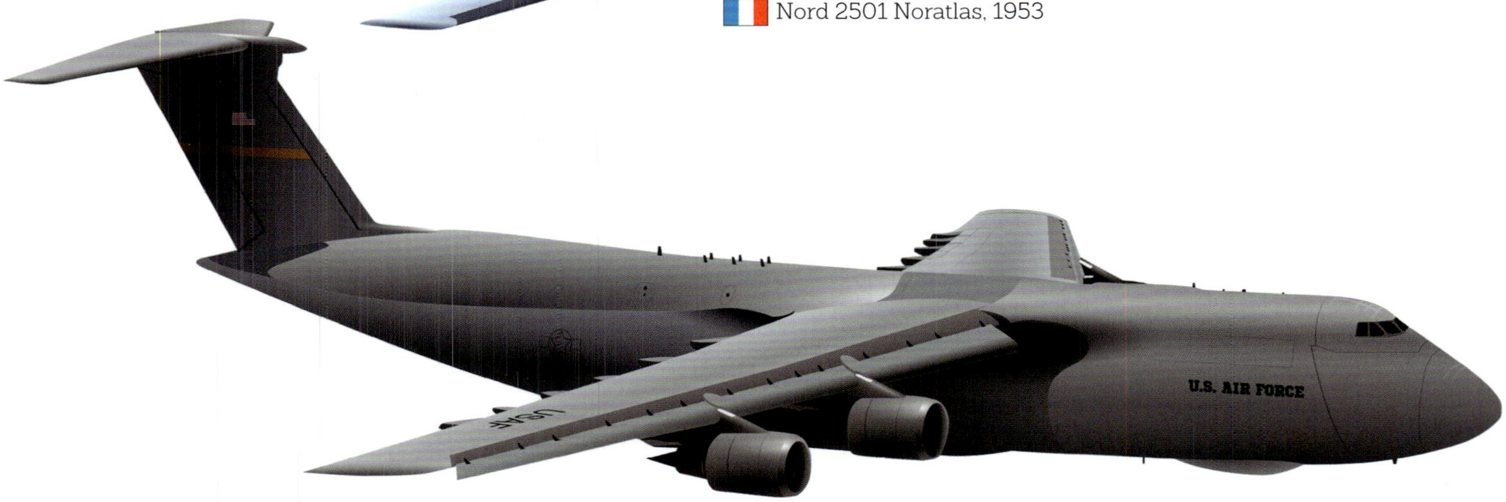

Lockheed C-5 Galaxy, 1969

Boeing 747 VC-25A Air Force One, 1989

Awacs Boeing E-3 Sentry, 1977

Airbus A400M Atlas, 2013

Xian Y-20, 2016

Boeing KC-135 Stratotanker, 1957

LES AVIONS À DÉCOLLAGE ET ATTERRISSAGE VERTICAUX

Lockheed Martin F-35B
Lightning II, 2008

Avion de reconnaissance, de chasse, bombardier… Lancé en 1996, le développement de cet avion furtif est très ambitieux. C'est la nouvelle génération d'avions de combat !

Convair XFY-1 Pogo, 1954

Ses deux hélices tournent en sens inverse l'une de l'autre ! Difficile à piloter et trop lent face aux avions à réaction, ce modèle s'inspirant du Triebflügel n'a jamais dépassé le stade du prototype.

McDonnell Douglas AV-8B
Harrier II, 1983

Voici l'aéronef à décollage et atterrissage verticaux (adav) le plus connu ! Comme les autres, il utilise des tuyères orientables. Cet équipement lui offre une grande maniabilité lors des combats aériens, un avantage décisif !

Boeing-Bell V-22 Osprey, 2005

Avion ou hélicoptère ? Les deux ! Plus besoin de piste d'atterrissage : ce véhicule de transport militaire décolle et atterrit verticalement, mais vole comme un avion grâce à ses rotors, qui basculent à 90 degrés. Pratique et rapide !

Focke-Wulf Triebflügel, 1944

Avec trois ailes rotatives équipées chacune d'un puissant réacteur, sa vitesse aurait dû atteindre 1 000 kilomètres/heure ! Cet avion, conçu par les savants allemands fin 1944, n'a jamais volé. C'était l'une des armes secrètes de Hitler.

Yakovlev Yak 38 Forger, 1976

Décoller et atterrir sur d'autres navires que des porte-avions ? L'équivalent soviétique du Sea Harrier a été conçu pour ça ! Mais, trop limité par rapport à ses concurrents, il est abandonné dès le début des années 1990.

LES AVIONS DE COMBAT MODERNES

Lockheed Martin F-22 Raptor, 2005

General Dynamics F-16 Fighting Falcon, 1978

Saab JAS 39 Grippen, 1996

Sukhoï Su-35, 2011

Tupolev Tu-22M Backfire, 1972

Boeing B-52 Stratofortress, 1955

Republic A-10 Thunderbolt II Warthog, 1975

Lockheed Martin F-117A Nighthawk, 1983

Panavia Tornado, 1982

Dassault Aviation Mirage 2000, 1984

Shenyang FC-31 Gyrfalcon, 2012

Sukhoï Su-57, 2017

DASSAULT AVIATION RAFALE M

Dassault Aviation Rafale M, 2001

Aussi à l'aise sur le pont d'un porte-avions que sur une piste d'aéroport, ce chasseur-bombardier ultra-rapide vole à Mach 2 (deux fois la vitesse du son, 2 470 kilomètres/heure) ! Produit depuis 2001, ce concentré de technologie est l'avion de combat français le plus récent. En plus, il a été conçu pour être furtif, c'est-à-dire très difficile à repérer au radar !

LES HÉLICOPTÈRES

Eurocopter *X-3*, 2010

Sud-Aviation/Aérospatiale Alouette III, 1960

Sikorsky CH-53E Super Stallion, 1974

Bell 212, 1968

Eurocopter EC145, 2002

Mil Mi-6 Hook, 1959

Boeing AH-64 Apache, 1984

Bensen B-8, 1955

Boeing CH-47 Chinook, 1962

Kamov Ka-52 Alligator, 2017

NHIndustries NH90, 2010

LES AVIONS DE VOLTIGE

Bücker Bü 133 Jungmeister, 1936

Sa spécialité ? Les passages bas sur le dos ! Avec son moteur puissant, son fuselage large et ses ailes en flèche, le Bü 133 Jungmeister avait des qualités de vol parfaites. C'était le modèle de perfectionnement des pilotes de l'armée allemande.

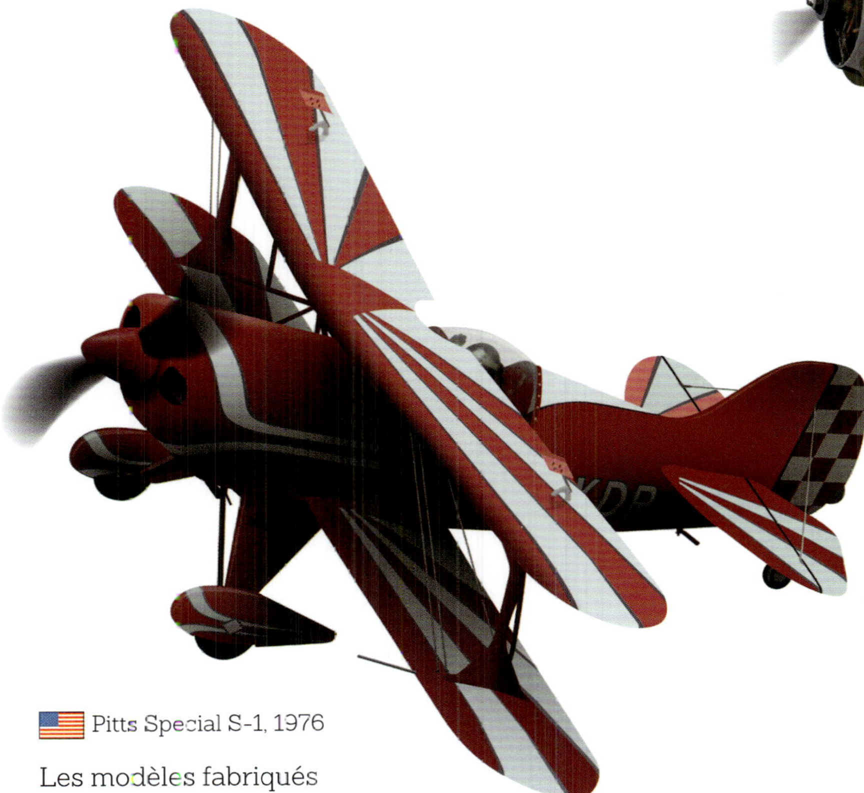

Pitts Special S-1, 1976

Les modèles fabriqués aujourd'hui sont encore proches de l'original ! Le premier modèle de Pitts Special s'envole en 1944. Grâce à son architecture de biplan (ailes doubles) et à sa vivacité, le Pitts S-1 S est un des champions des compétitions des années 1960 et 1970.

Extra Flugzeugbau 300 S, 1992

Le spécialiste des acrobaties ? Le 300 S. Avion de course et de voltige de haut niveau, il a été adopté par les patrouilles acrobatiques des forces aériennes française, chilienne, jordanienne et malaisienne ! Ses ailes courtes et ses grands ailerons le rendent en effet très manœuvrable.

Sukhoï Su-26M3, 2003

Ce monoplace soviétique a une résistance aux accélérations qui dépasse celle du chasseur à réaction F-16 ! C'est un sérieux concurrent du Zlin Z-50L.

XtremeAir XA-41, 2006

Voici le premier appareil de voltige entièrement fabriqué en matériaux composites (surtout de la fibre de carbone) ! Son poids réduit et son moteur puissant lui permettent de réaliser des figures spectaculaires jusqu'à une vitesse de 425 kilomètres/heure.

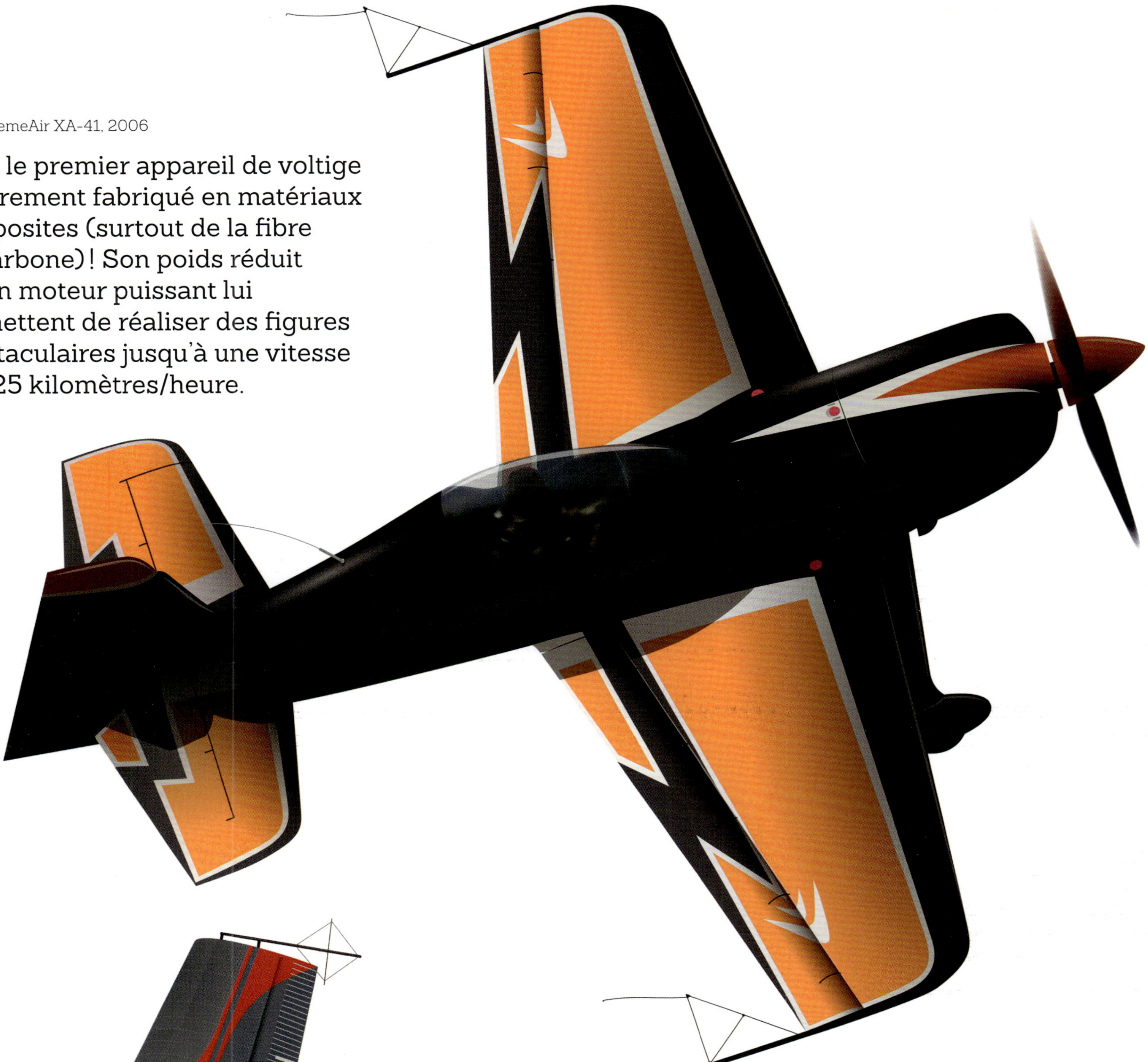

Zlin Z-50L, 1977

Voici le triple champion du monde de voltige ! Avec sa structure principalement en aluminium, le Zlin Z-50L a régné sur la voltige jusqu'à la fin des années 1980.

GEE BEE R-1

Gee Bee R-1, 1932

Voici la star des courses et de la voltige aux États-Unis dans les années 1930 ! Côté pile : un moteur d'une incroyable puissance. Côté face : un appareil très instable et dangereux, responsable de la mort d'un grand nombre de pilotes.

LES ULM ET LES PLANEURS

Schneider SG-38, 1938

Facile à piloter et à réparer, c'était le planeur monoplace le plus utilisé pour la formation de base des pilotes allemands pendant la Seconde Guerre mondiale.

Schempp-Hirth Janus C, 1975

20 mètres d'envergure, des ailes en fibre de carbone : ce planeur biplace performant et résistant est beaucoup utilisé en école pour apprendre à voler au-dessus de la campagne !

Airspeed AS-51 Horsa, 1942

Comment transporter vingt-cinq hommes de troupe ? Avec un planeur ! Entièrement conçu en bois, le Horsa a été massivement utilisé lors du débarquement allié en juin 1944.

J-RO DTA 914, 2011

C'est quoi, un autogire ? Cet aéronef est équipé d'une aile tournante libre (rotor) et d'un moteur entraînant une hélice. Le rotor le soutient en l'air, et l'hélice le propulse en avant. À une vitesse suffisante, le rotor est entraîné par la seule force de l'air !

Air Création Tanarg, 2000

Le planeur ultra-léger motorisé (ULM) pendulaire est constitué d'une aile triangulaire en toile arrimée au-dessus d'un chariot motorisé. On le manœuvre en déplaçant le poids du chariot sous l'aile delta, comme un pendule !

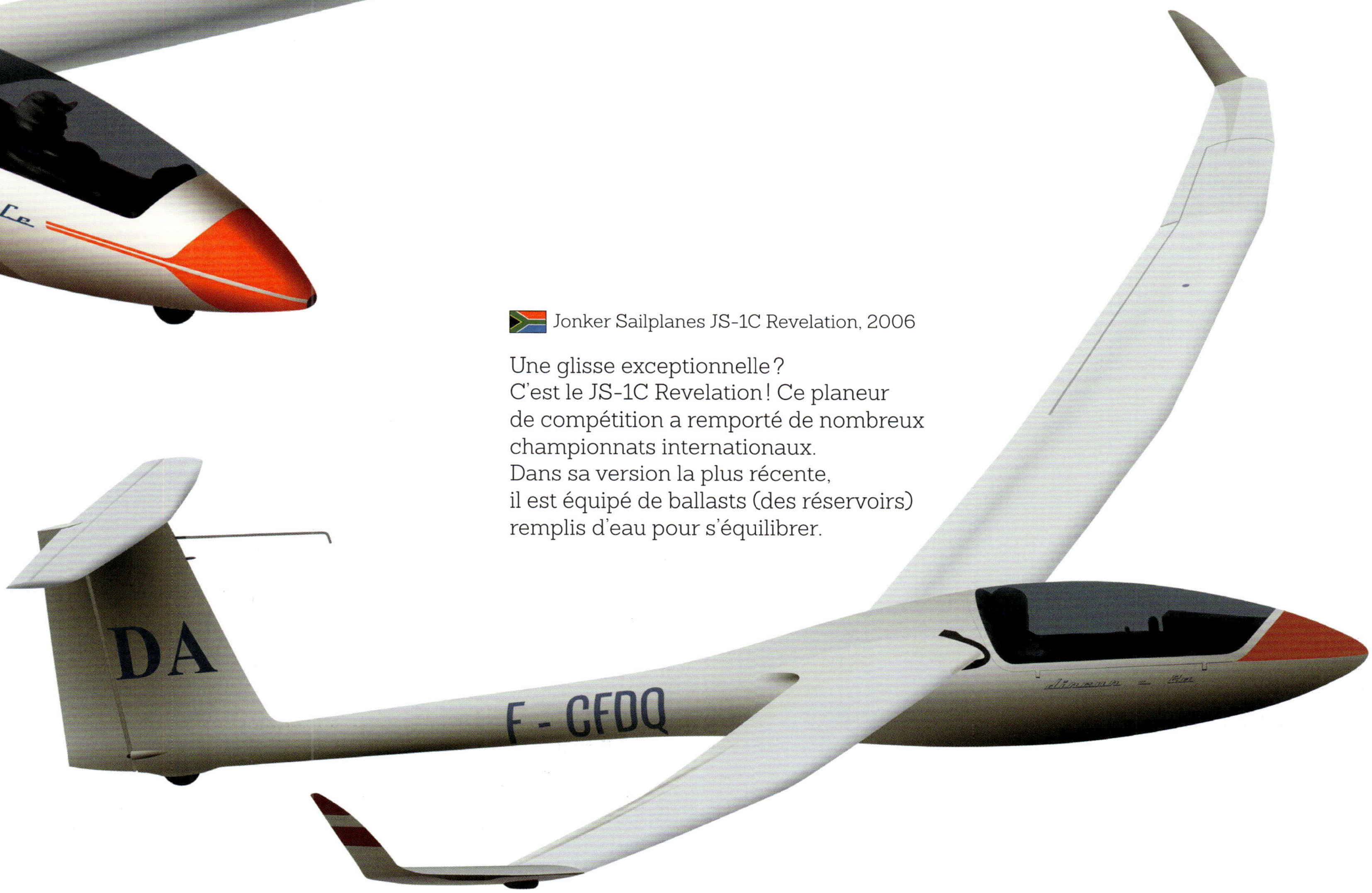

Jonker Sailplanes JS-1C Revelation, 2006

Une glisse exceptionnelle ? C'est le JS-1C Revelation ! Ce planeur de compétition a remporté de nombreux championnats internationaux. Dans sa version la plus récente, il est équipé de ballasts (des réservoirs) remplis d'eau pour s'équilibrer.

LES AVIONS DE LOISIR

Aeronca 7 Champion, 1945

Cirrus SR22, 2000

Cessna L-19, 1950

Robin HR-200, 1973

Cessna 172, 1955

LH-10 Ellipse, 2011

Icon A-5, 2013

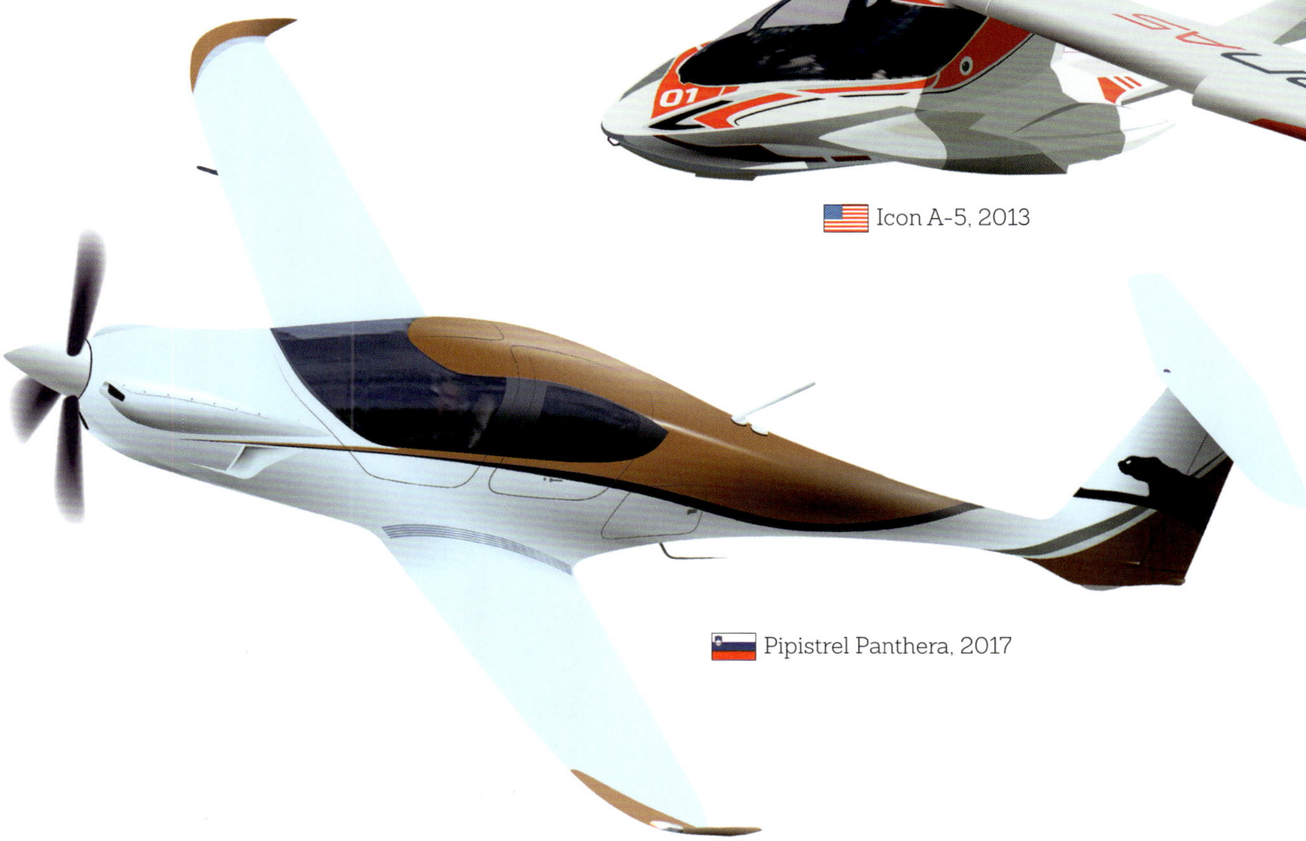

Pipistrel Panthera, 2017

LES HYDRAVIONS

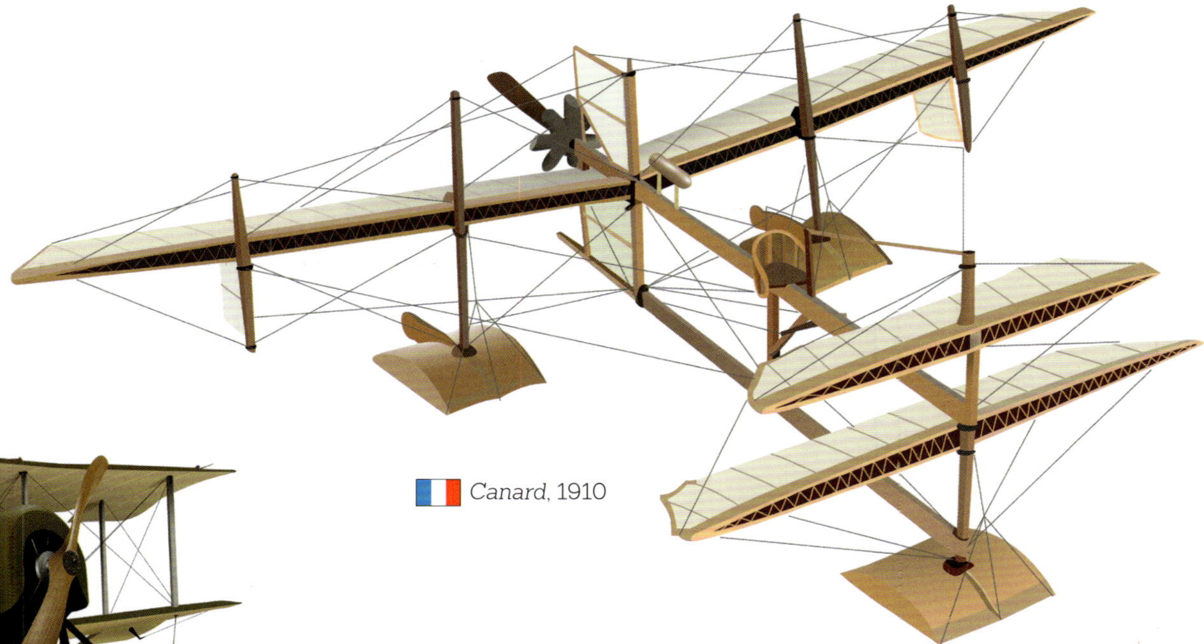

Canard, 1910

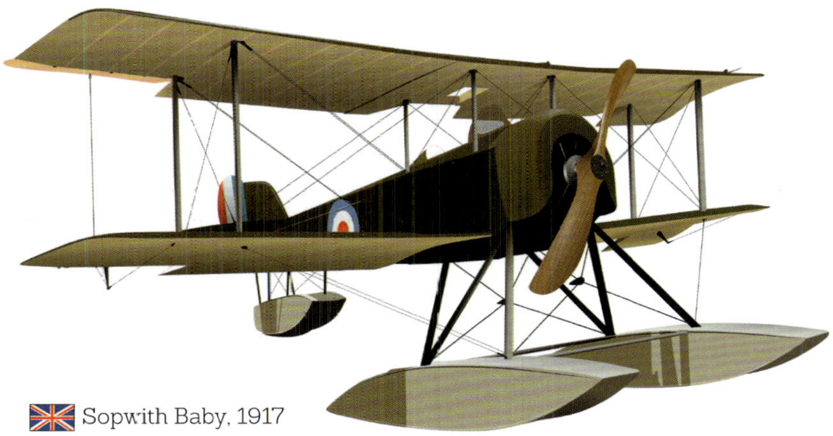

Sopwith Baby, 1917

Arado Ar 196, 1942

Savoia-Marchetti S.55, 1926

Dornier Do-X, 1930

Short S.23 Empire, 1936

Latécoère 300, 1932

De Havilland Canada
DHC-2 Beaver, 1948

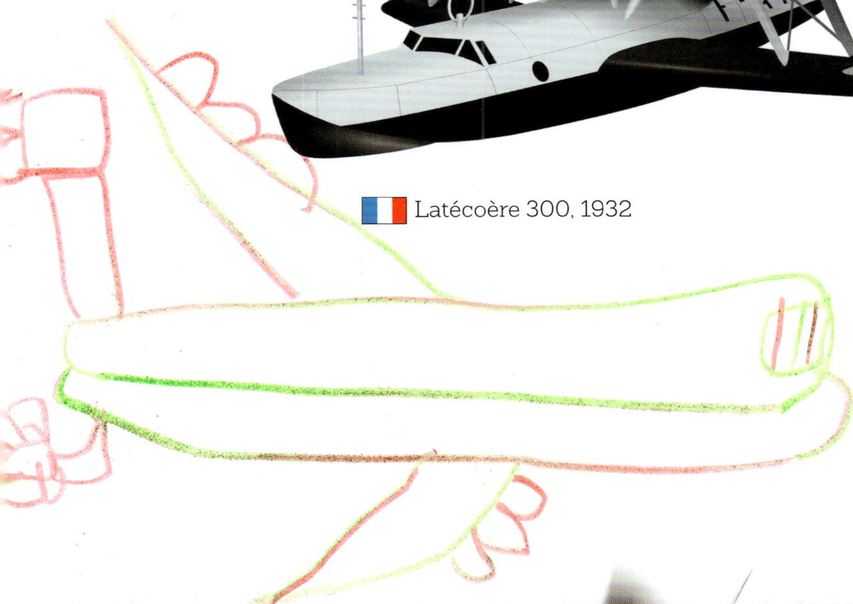

Piper PA-24 Comanche, 1956

Consolidated PBY Catalina, 1936

CANADAIR CL-415

Canadair CL-415, 1995

En 1967, le premier Canadair conçu pour la lutte contre les feux de forêt est lancé. Cet hydravion bombardier d'eau doit être particulièrement robuste et fiable pour résister aux conditions de vol difficiles. Le CL-415, le modèle le plus récent, peut charger jusqu'à 6 300 litres d'eau dans ses soutes sans se poser !

E CIVILE

LE TRANSPORT DE PASSAGERS

Short L.17 Scylla, 1934

De Havilland DH.89 Dragon rapide, 1936

Junkers Ju 52, 1932

Sud-Aviation SE 210 Caravelle, 1959

Lockheed Constellation, 1945

Concorde, 1976

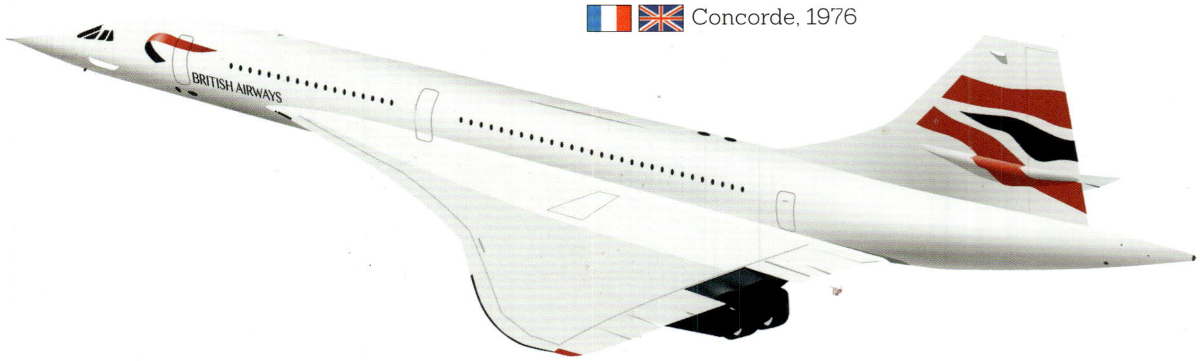

ATR 72, 1989

Piper PA-44 Seminole, 1979

Boeing B-747, 1970

Boeing B-737, 1968

Airbus A380, 2007

Airbus A320, 1988

LES AVIONS D'AFFAIRES

Cessna 310, 1954

Cirrus Vision SF50, 2016

Piaggio P180 Avanti II, 2015

Embraer Phenom 100E, 2008

Adam A700 AdamJet, 2003

Dassault Aviation Falcon 8X, 2016

Beechcraft Model 100 King Air, 1969

Cessna Citation CJ3, 2004

BOEING B-787 DREAMLINER

Boeing B-787 Dreamliner, 2011

Depuis 2011, le Boeing 787 peut transporter jusqu'à 300 passagers sur 15 000 kilomètres ! Grâce à sa structure en matériaux composites, cet avion long-courrier consomme 20 % de carburant de moins que ses concurrents.

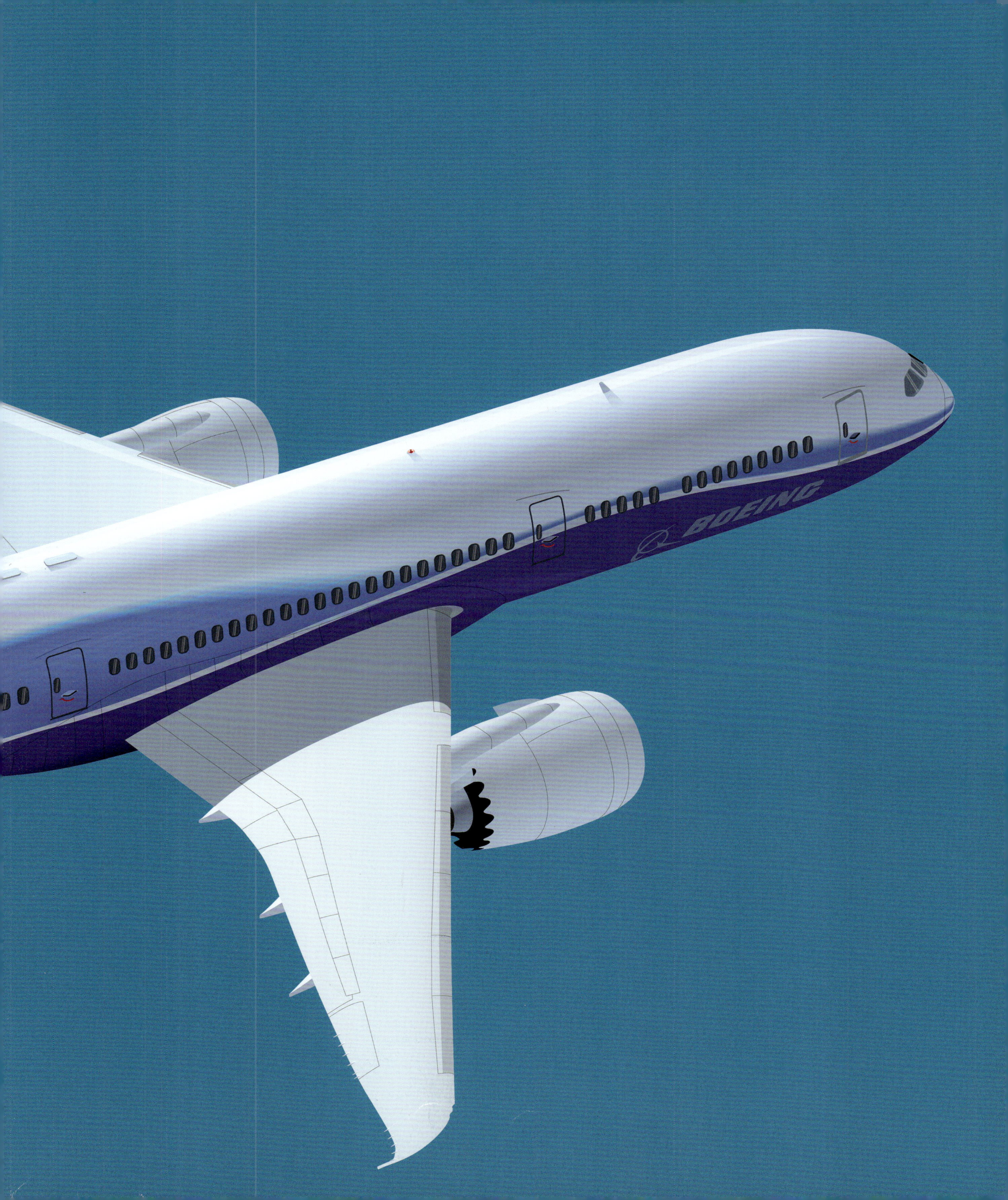
BOEING

LES AVIONS GROS-PORTEURS

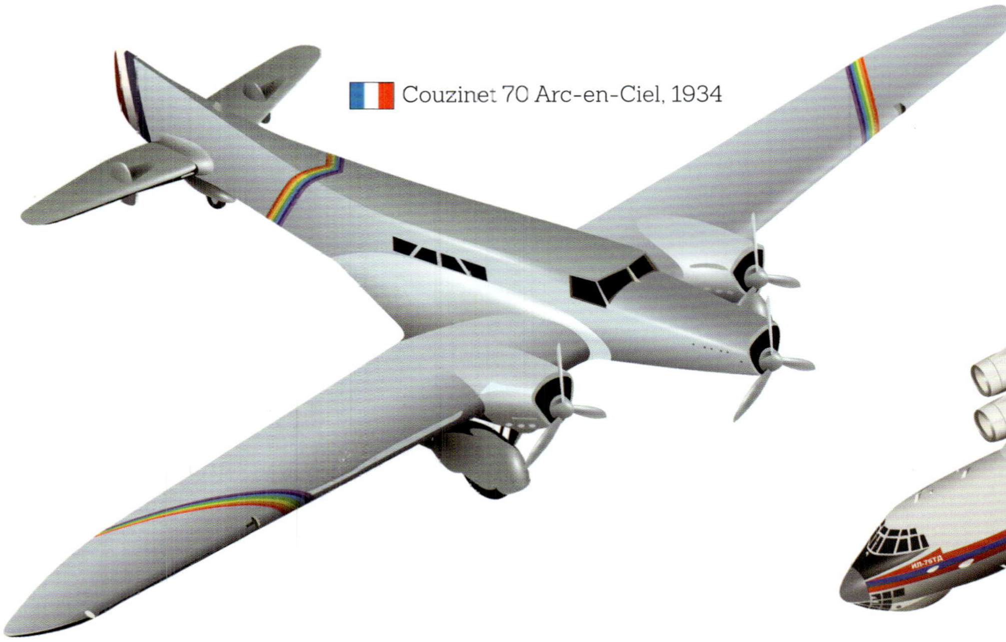

Couzinet 70 Arc-en-Ciel, 1934

Iliouchine Il-76, 1976

Antonov An-124 Condor, 1987

Bristol Superfreighter, 1946

Antonov An-225 Cossack, 1988

McDonnell Douglas DC-10, 1971

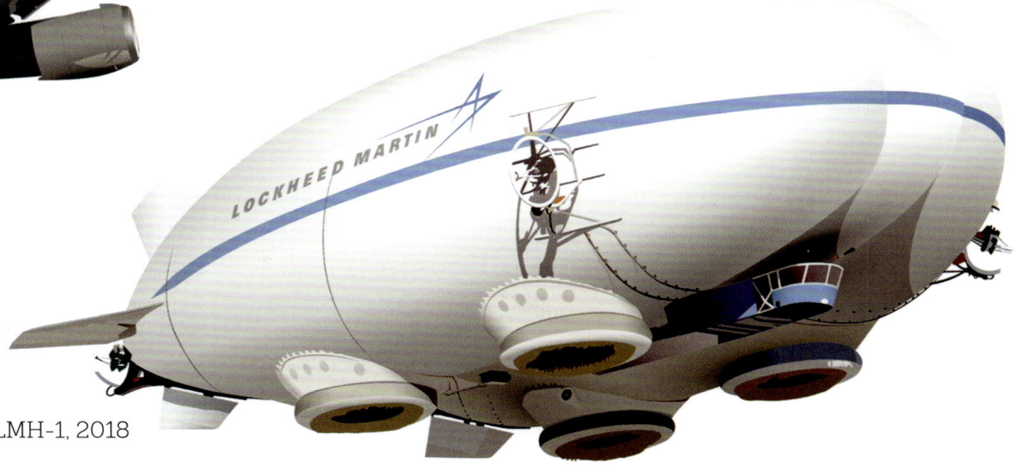

Lockheed Martin Hybrid Aircraft LMH-1, 2018

Aero Spacelines B-377
Super Guppy, 1966

Lockheed C-130 Hercules, 1956

AIRBUS A330-743L BELUGA XL

Airbus A330-743L BelugaXL, 2018

Vous avez dit XL ? 19 mètres de haut, 63 mètres de long, 227 tonnes en charge, le BelugaXL est un avion-cargo hors catégorie ! Son nez s'ouvre pour charger les pièces de fuselage des avions qui seront assemblés sur les différents sites du constructeur Airbus.

BELUGA
AIRBUS

LES RECORDS

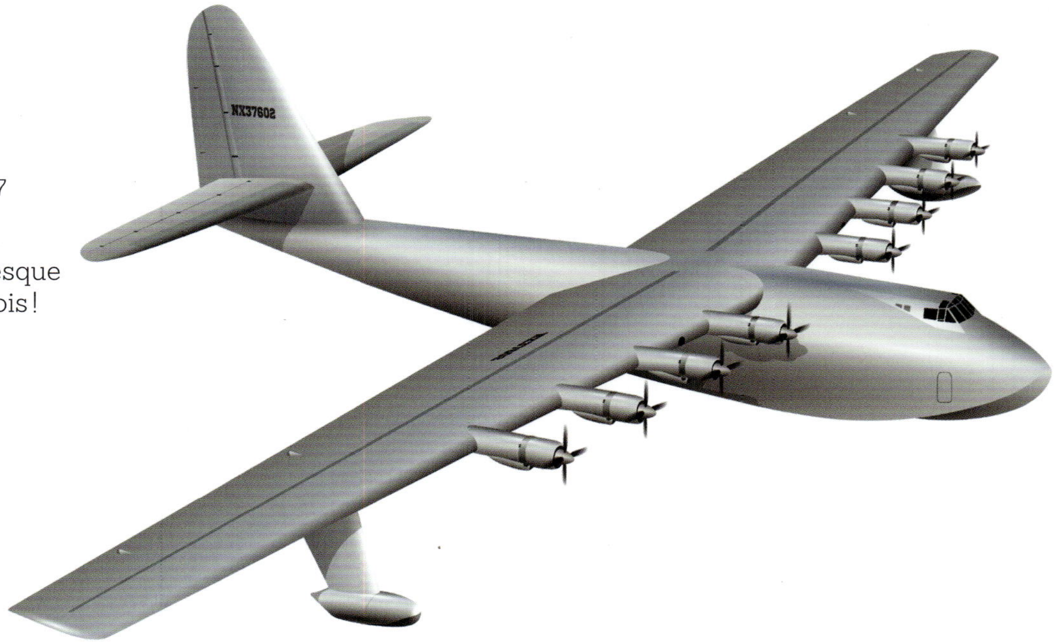

Hugues H-4 Hercules, 1947

Avec une envergure record de 97,54 mètres, ce gigantesque hydravion n'a volé qu'une fois !

Tupolev Tu-160 Blackjack, 1987

Ce bombardier est le plus gros avion supersonique au monde !

Nasa X-43 Scramjet, 2004

L'avion sans pilote le plus rapide au monde. Il a atteint Mach 9,8, près de 12 000 kilomètres/heure !

Mil Mi-12 Homer, 1968

Le plus gros hélicoptère jamais construit, capable de voler à 2 200 mètres d'altitude chargé de 44 tonnes !

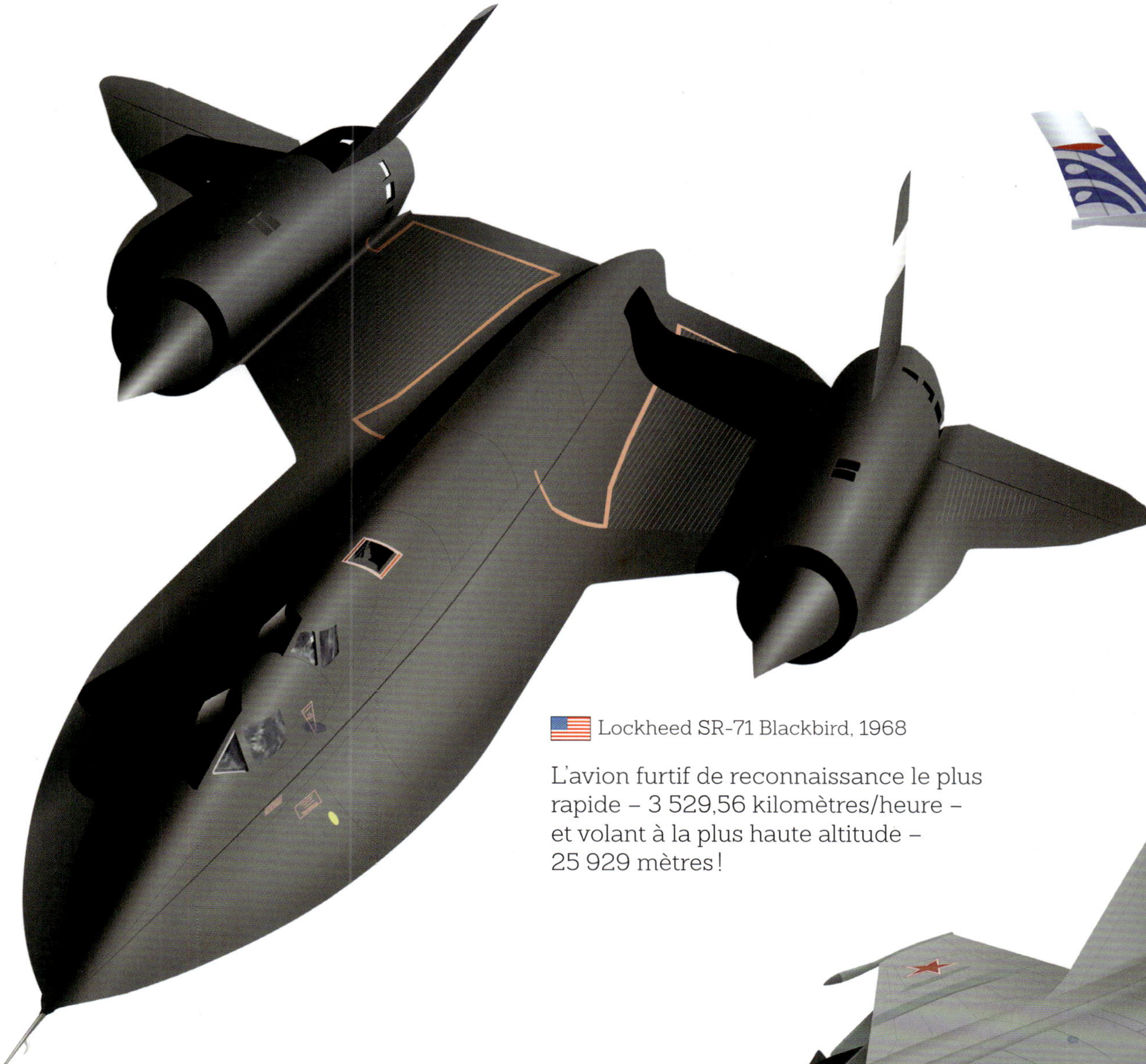

Colomban MC-10
Cri-Cri, 1973

Le plus petit bimoteur jamais construit. Il ne pèse que 78 kilos à vide !

Lockheed SR-71 Blackbird, 1968

L'avion furtif de reconnaissance le plus rapide – 3 529,56 kilomètres/heure – et volant à la plus haute altitude – 25 929 mètres !

Mig-25 Foxbat, 1972

Le seul avion de combat au monde (avec le Mig-31) à atteindre Mach 3 (3 700 kilomètres/heure) et une altitude de 37 650 mètres !

Caiga AG-600, 2017

Bombardier d'eau et de sauvetage maritime, voici le plus grand hydravion en activité !

LES AVIONS ÉCOLOGIQUES ET INSOLITES

Rutan VariEze, 1976

Son nom, *VariEze*, vient de *very easy*, « très facile » en anglais. Facile à construire à partir de matériaux composites, c'est un énorme succès auprès des amateurs.

De Lackner HZ-1 Aerocycle, 1954

Voici le premier hélicoptère individuel de reconnaissance, capable de transporter un soldat debout !

Grumman X-29, 1984

Des ailes montées à l'envers ? Non, un avion expérimental aux ailes en flèche inversée pour étudier la stabilité à basse vitesse.

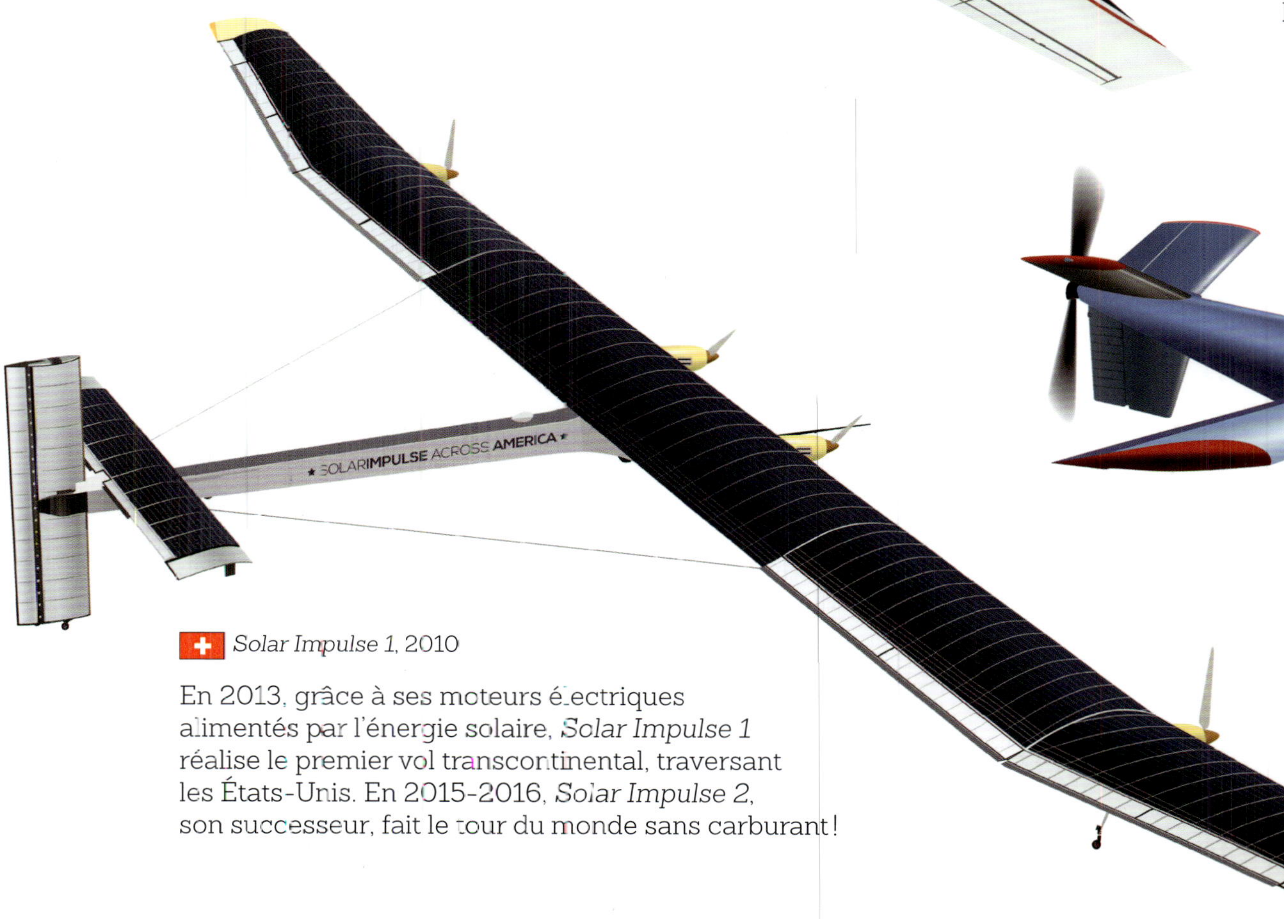

Solar Impulse 1, 2010

En 2013, grâce à ses moteurs électriques alimentés par l'énergie solaire, *Solar Impulse 1* réalise le premier vol transcontinental, traversant les États-Unis. En 2015-2016, *Solar Impulse 2*, son successeur, fait le tour du monde sans carburant !

Taylor Aerocar III, 1949

Prêt à décoller ou plutôt à rouler ? Il suffit de cinq minutes pour transformer cet avion en voiture !

Kaman K1200 K-Max, 1994

Cet hélicoptère est équipé de deux rotors en « V » tournant en sens inverse. Il a réalisé un premier vol sans pilote en 2011.

North American F-82
Twin Mustang, 1946

Comment escorter les bombardiers sur de longues distances ? Avec un biplace et des pilotes qui se relaient aux commandes !

Bartini Beriev VVA-14, 1972

Un vrai prototype : un hydravion à décollage vertical pour chasser les sous-marins lanceurs de missiles !

Kyushu J7W1 Shinden, 1945

Conçu la dernière année de la Seconde Guerre mondiale, ce redoutable chasseur « plan canard » (moteur à propulsion, petites ailes à l'avant) n'est jamais entré en service.

Ekranoplan KM, 1966

100 mètres de long, 550 tonnes : surnommé le « monstre de la Caspienne », cet énorme avion est capable de voler juste au-dessus de l'eau (3 à 14 mètres) !

VOUGHT V-173 FLYING PANCAKE

Vought V-173 Flying Pancake, 1942

Une soucoupe volante ? Non, un avion à décollage et atterrissage verticaux. Le *Flying Pancake* (la « Crêpe volante ») effectue son premier vol en 1942. Avec ce chasseur, les ingénieurs américains étudient le décollage et l'atterrissage verticaux. Mais le projet est abandonné en 1947.

U.S.NAVY

LES DRONES

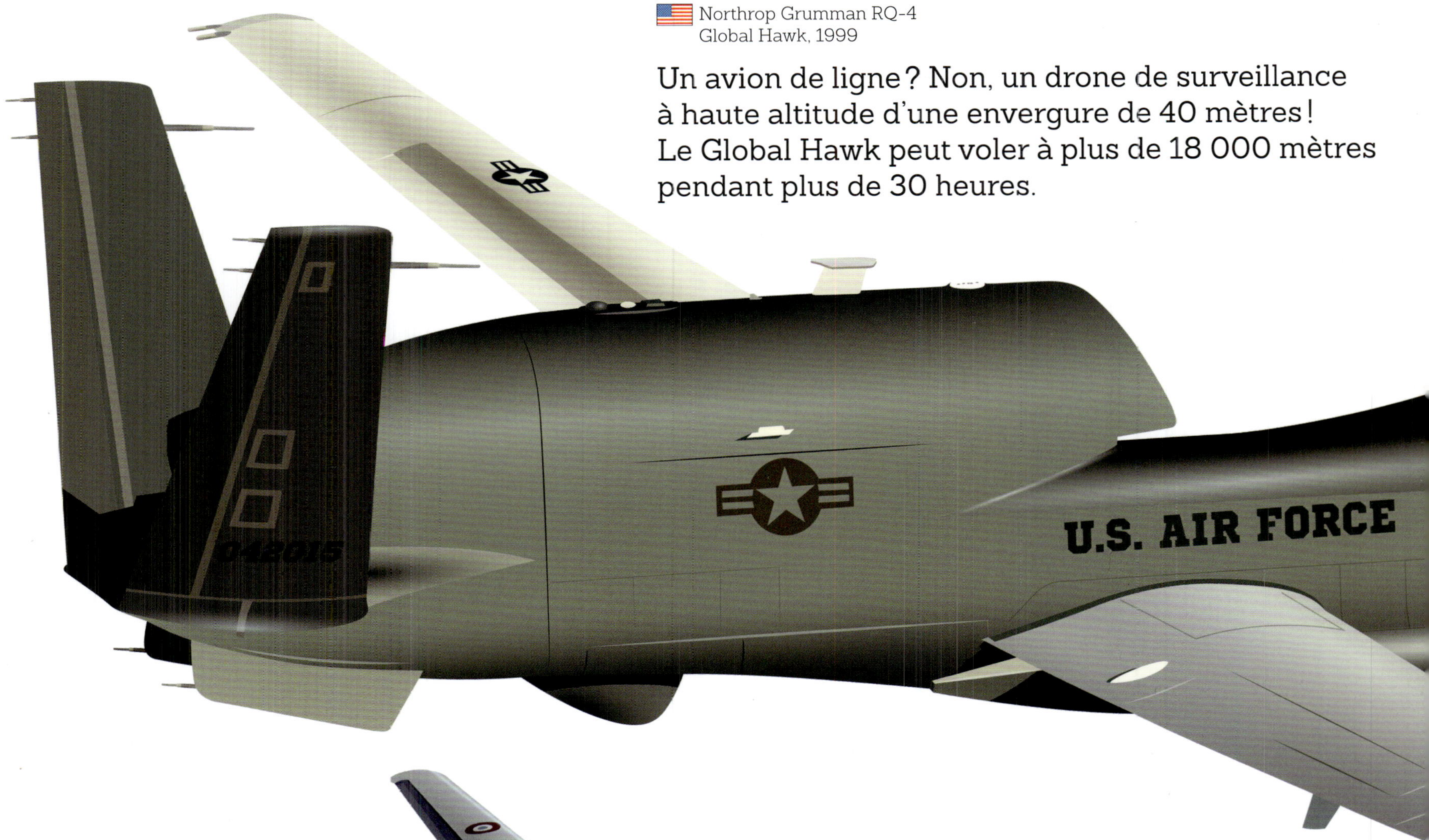

Northrop Grumman RQ-4
Global Hawk, 1999

Un avion de ligne ? Non, un drone de surveillance à haute altitude d'une envergure de 40 mètres ! Le Global Hawk peut voler à plus de 18 000 mètres pendant plus de 30 heures.

EADS Harfang, 2008

Malgré une autonomie de 24 heures et un rayon d'action de 1 000 kilomètres, le Harfang est lent et difficile à manœuvrer. La version française du drone israélien Heron est uniquement destinée au renseignement.

General Atomics MQ-9 Reaper 2, 2005

Missiles, bombes… Le drone de combat le plus efficace ? Le Reaper, utilisé par l'armée américaine. Il est aussi employé par d'autres pays pour des missions de surveillance.

Dassault Aviation *Neuron*, 2012

Objectif drone de combat furtif ! Le projet européen aux ailes delta est conçu pour embarquer deux bombes dans sa soute et effectuer une mission air-sol automatisée de 100 minutes jusqu'à 100 kilomètres de sa base.

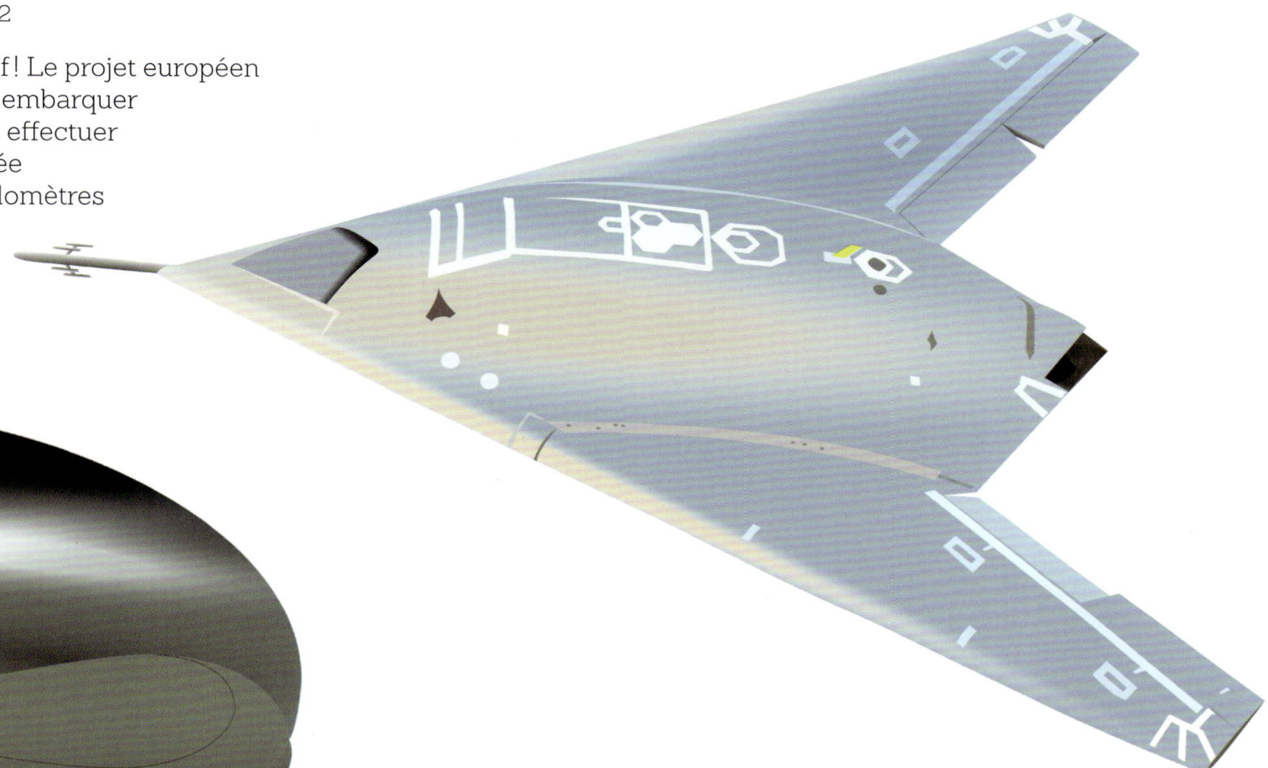

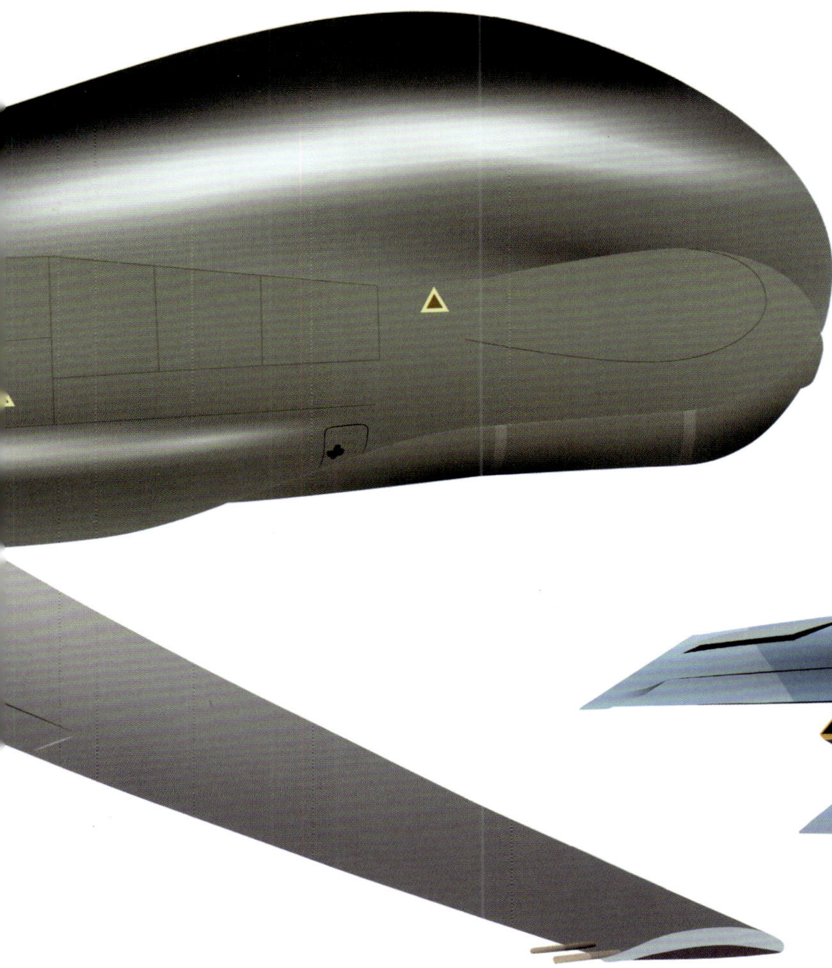

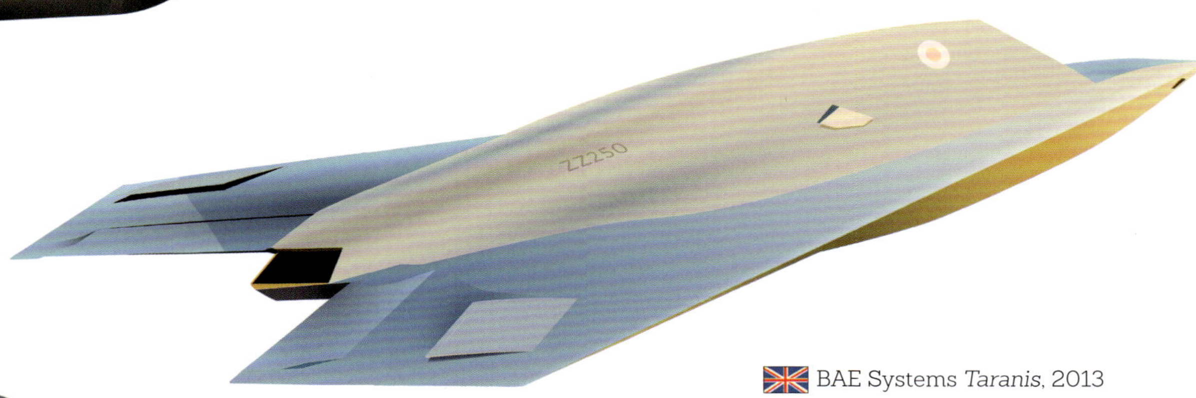

BAE Systems *Taranis*, 2013

Braoum ! Dans la mythologie celte, Taranis est le dieu du tonnerre. Les missions de ce drone de combat furtif ? Renseigner, surveiller, dissuader, marquer des cibles et les détruire !

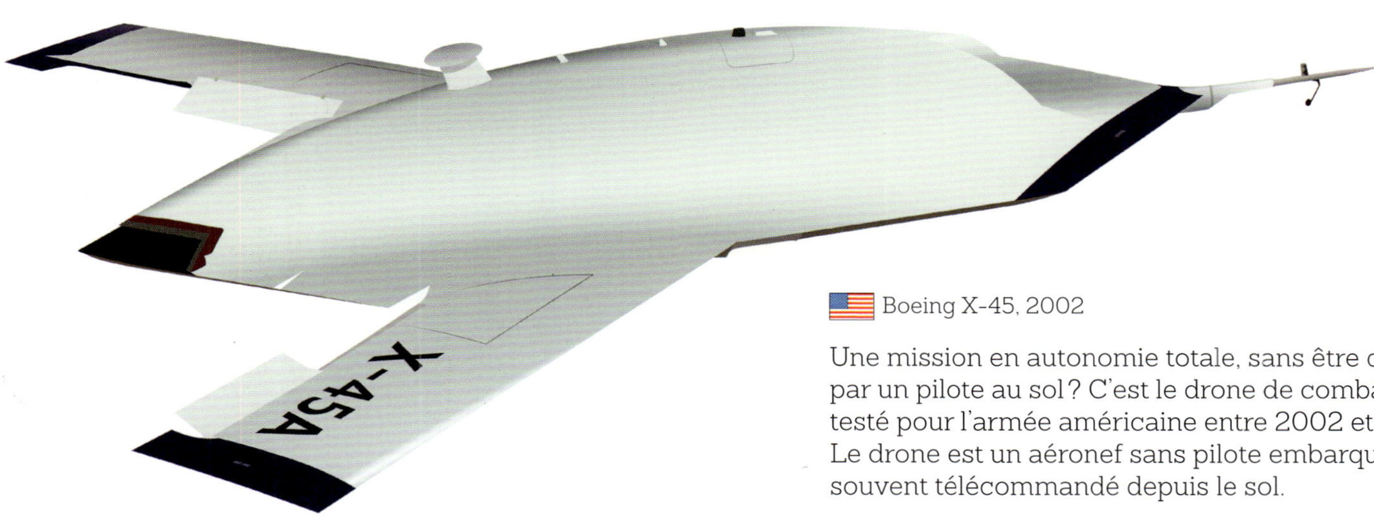

Boeing X-45, 2002

Une mission en autonomie totale, sans être contrôlé par un pilote au sol ? C'est le drone de combat X-45, testé pour l'armée américaine entre 2002 et 2006 ! Le drone est un aéronef sans pilote embarqué, souvent télécommandé depuis le sol.

LES AVIONS DE L'ESPACE

Airbus A310 *Zéro-G*, 2015

SpaceX *Dragon* V2, 2017

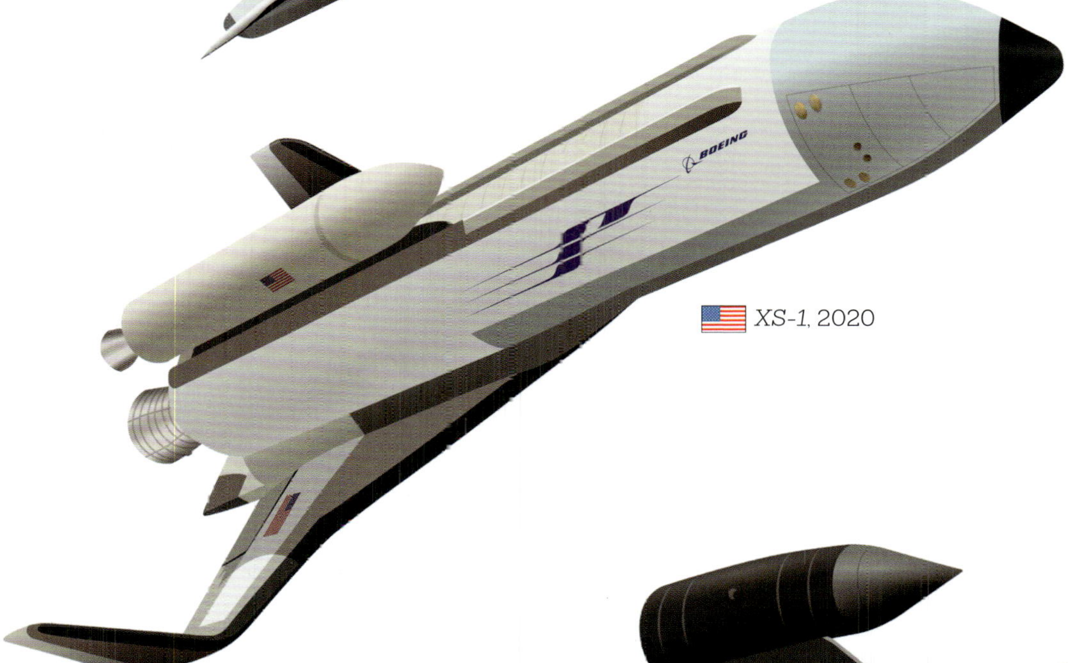

XS-1, 2020

Skylon, 2020

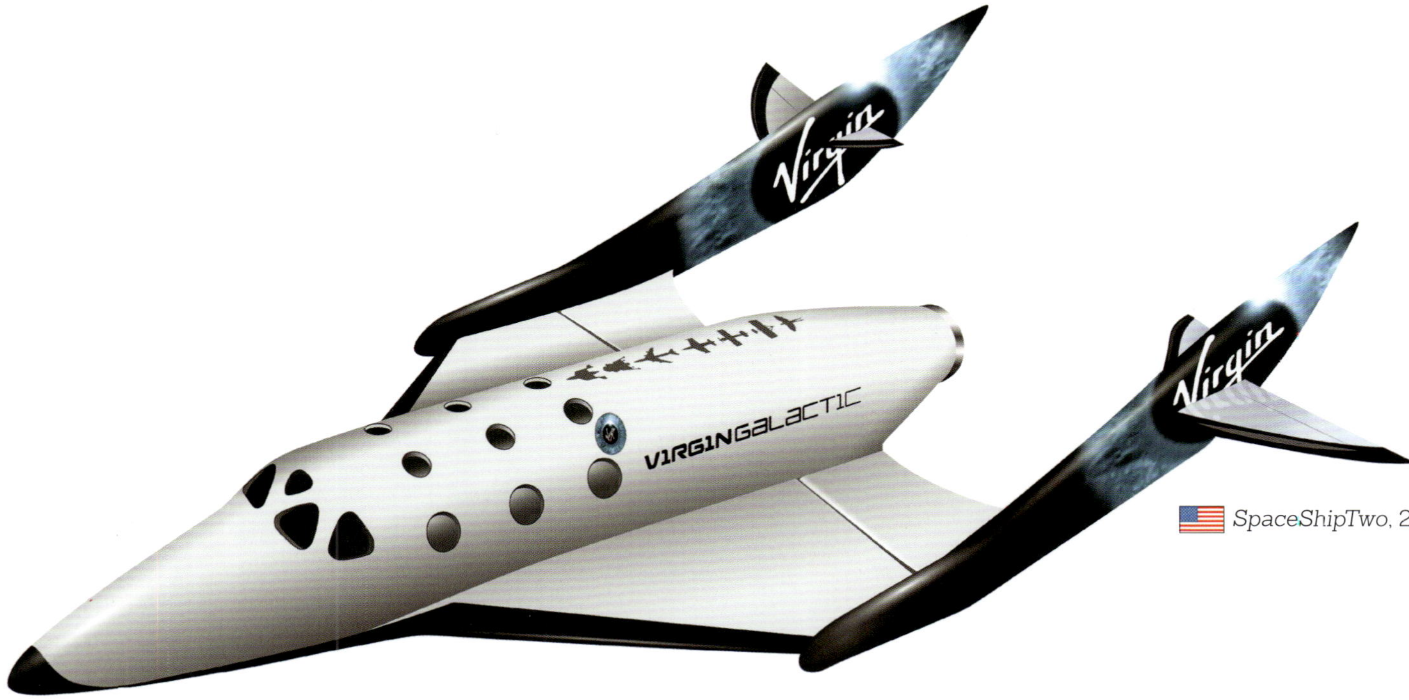

SpaceShipTwo, 2010

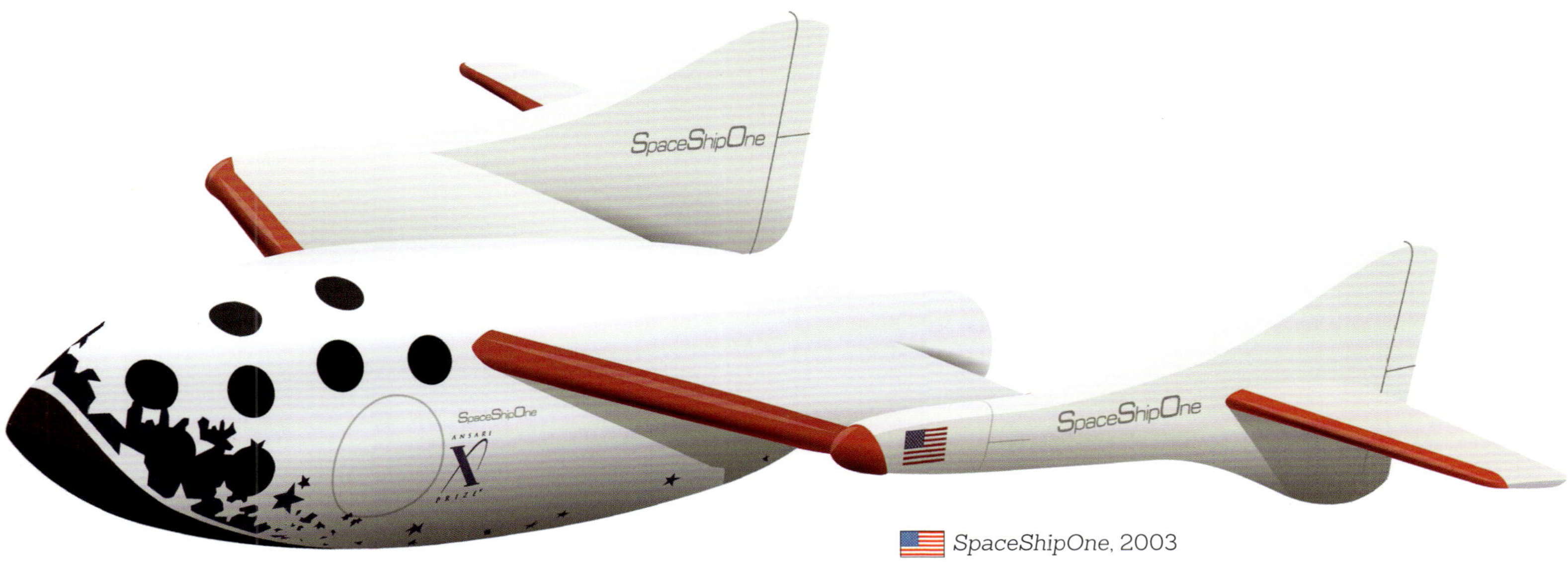

SpaceShipOne, 2003

Discovery OV-103, 1984

INDEX